ESSAI

SUR LA

DOMINATION FRANÇAISE EN SYRIE

DURANT LE MOYEN AGE.

Paris.—Imprimé par E. Thunot et C*, rue Racine, 26.

ESSAI

SUR LA

DOMINATION FRANÇAISE

EN SYRIE

DURANT LE MOYEN AGE

PAR

E. G. REY

MEMBRE DE LA SOCIÉTÉ IMPÉRIALE DES ANTIQUAIRES DE FRANCE, ETC., ETC.

PARIS

IMPRIMÉ PAR E. THUNOT ET CIE

RUE RACINE, 26, PRÈS DE L'ODÉON.

1866

Il y a près de dix ans, un premier séjour en Orient me révéla toute l'importance des croisades beaucoup plus complétement que ne l'avait fait la lecture des historiens, et je n'hésitai pas alors à diriger toutes mes recherches de ce côté.

Chargé par Son Exc. M. le ministre de l'instruction publique de l'annotation complémentaire des *Lignages d'outre-mer de Dufresne du Cange*, j'ai commencé la publication de ce grand travail, qui fait partie de la *Collection des documents inédits relatifs à l'histoire de France*.

Je prépare en ce moment l'étude des forteresses élevées en Syrie et à Chypre du temps des croisades.

J'essayerai dans un autre ouvrage, consacré aux divisions territoriales et administratives des colonies chrétiennes d'Orient, de combler une partie des lacunes si nombreuses qui existent dans la géographie de la Terre Sainte du moyen âge.

Un laps de temps relativement assez long s'écoulera encore avant l'entier achèvement et la publication de ces divers ouvrages; je me décide donc à tracer ici en quelques pages le programme que je me suis donné la tâche de remplir.

ESSAI

SUR LA

DOMINATION FRANÇAISE EN SYRIE

DURANT LE MOYEN AGE.

I

Dans le cours de mes deux derniers voyages en Syrie, un fait m'a frappé qui intéresse l'histoire générale de l'Europe et la nôtre en particulier : c'est l'esprit d'organisation politique apportée en Orient par les croisades; c'est l'établissement d'un système social non-seulement dans la Palestine dont nous avons la carte et les annales, mais au delà encore dans les vallées inconnues et inexplorées qui semblaient être restées en dehors de la grande entreprise occidentale en Orient. Là pourtant, dorment dans l'oubli des monuments qui sont les vestiges de notre domination et portent l'empreinte d'une pensée française.

Les *Assises de Jérusalem* nous révèlent comment la société féodale fut transportée en Orient. Les diplômes et les chartes sortis des chancelleries de Jérusalem, de Tripoli, d'Antioche, sont des témoins irrécusables et singulièrement curieux à consulter. Enfin *les Lignages d'outre-mer* de Dufresne du Cange, dont la publication a été entreprise par le mi-

nistère de l'instruction publique, jettent de nouvelles lumières sur cette
œuvre nationale et lointaine de nos pères. Mais moi-même, en dépouil-
lant ces archives, j'étais forcé de reconnaître, je l'avoue, que l'étude
longue et sérieuse de ces documents n'est que la moitié de la tâche qu'il
faut accomplir, qu'elle se trouve toujours incomplète par quelque endroit et qu'enfin on a eu raison de dire : « La connaissance des lieux
« serait nécessaire si l'on entreprenait d'écrire une véritable histoire des
« croisades (1). »

Un doute subsiste en effet sur la portée réelle et la valeur positive des
croisades quand on juge l'esprit de l'entreprise par ses résultats. Plus
les documents écrits sont nombreux, plus on est tenté de croire qu'une
illusion un peu ambitieuse et irréfléchie emportait nos ancêtres vers la
Terre Sainte, s'il était vrai que les parchemins seuls gardent la trace de
leurs espérances.

Or la domination française en Syrie est écrite sur le sol par les monuments militaires et religieux qui portent le double caractère de la société
du temps. L'étude des lieux par le géographe et l'archéologue justifie
la conception politique des chefs et concorde avec les documents diplo-
matiques des chancelleries. Partout sur son passage le voyageur ren-
contre, avec une émotion extrême, la preuve muette mais encore vivante
de l'unité de l'œuvre. J'ai entrepris cet examen en 1859 comme un
voyage de découvertes. J'étais conduit en quelque sorte par un pressen-
timent. Je l'ai renouvelé en 1864 après m'être initié de plus près encore
à l'étude des archives chrétiennes et des historiens arabes. Aujour-
d'hui, en réunissant ce que j'ai vu et ce que j'ai lu, en achevant du
même coup de rassembler mes notes et de publier *les Lignages d'outre-
mer*, je me persuade que l'histoire de la domination française en Syrie
est un des faits les plus intéressants à connaître pour quiconque n'est
pas indifférent aux destinées de son pays, et je dégage de mes notes pour
les soumettre au public, comme spécimen de mes travaux, quelques con-

---

(1) M. le comte Beugnot faisait loyalement cet aveu en parlant des beaux voyages de
M. de Saulcy, dans son *Mémoire sur le régime des terres dans les principautés fondées
en Syrie par les Francs* (*Bibliothèque de l'École des chartes*, année 1853).

sidérations générales et les preuves essentielles qui ont rapport à cette question.

II

Les croisades en Terre Sainte ne sont pas, à proprement parler, un événement. Croire qu'il a suffi de la parole éloquente d'un moine ou du repentir d'un seigneur pour susciter ces grandes expéditions n'est plus possible. C'est un mouvement d'opinion très-énergique, mais très-réfléchi et mûri longuement, qui a été dirigé un jour par des chefs intelligents, et la pensée de conquête qui s'y remarque a été fortifiée par une pensée d'organisation.

Les croisades entreprises en Europe, les croisades intérieures, celles de l'ordre teutonique en Prusse, de Simon de Montfort en Languedoc et des rois espagnols chez eux, n'offrent pas le même caractère ou ne l'ont pas au même degré.

En Prusse et en Espagne on combat pied à pied, la lutte est successive; on se replie ou l'on avance selon les temps. En Languedoc on n'ose pas concevoir immédiatement l'idée de rendre français les pays de langue provençale qui sont chrétiens. Là, les chevaliers arrivent au printemps pour combattre pendant quarante jours les hérétiques albigeois, mais ils ne veulent pas s'établir sur les terres de Raymond, comte de Toulouse.

On les en prie, ils s'y refusent : témoin le comte de Nevers et le comte de Saint-Pol qui déclarent, quand l'abbé de Cîteaux leur offre des terres, ne pas avoir la convoitise *de l'autrui.*

« — Puis il leur dit que dans la contrée par les croisés conquise, — « il veut qu'il y ait tout de suite (pour gouverneur) un seigneur d'élite. « — Il propose au comte de Nevers de l'être; mais (celui-ci) ne veut à « aucun prix consentir; — le comte de Saint-Pol non plus, qui fut élu « ensuite. — Ils disent que si longtemps qu'ils puissent vivre, ils ont assez « de terre — dans le royaume de France, où naquirent leurs pères, — et

« n'ont aucune envie de la terre d'autrui. — Et (l'on croirait que) dans
« tout l'host, il n'y a pas un (baron) qui ne se tienne pour trahi — s'il
« accepte cette terre (1). »

L'homme qui accepta la terre d'autrui fut un ambitieux, Simon de
Montfort, qui, ne pouvant égaler les grands feudataires, voulut à tout
prix se tailler des domaines proportionnés au rang où son ambition
tendait à s'élever.

Les croisades en Terre Sainte ne présentaient pas les mêmes obliga-
tions restrictives de seigneur à seigneur, elles ne permettaient pas des
expéditions à courte échéance, elles exigeaient, ou du moins elles suppo-
saient, un but plus absolu et des prévisions plus précises ; enfin elles
devaient réunir comme des forces diverses et faire converger sur un
même point les intérêts et les croyances de ceux qui y consacraient une
partie de leur vie.

Les causes des croisades sont de trois ordres : religieuses, militaires
et commerciales ; elles intéressent également toutes les idées des peuples.

L'idée religieuse qui date de loin a été incessamment entretenue par
la coutume des pèlerinages aux lieux saints, coutume ininterrompue
durant tout le moyen âge ; depuis le jour où Constantin devenu empereur a embrassé la foi du Christ, mis fin aux persécutions et inauguré
politiquement la suprématie de l'Église, il part de toutes les provinces
romaines des pèlerins qui tracent la route future des croisades. Plus
tard, quand la barbarie et l'empire se fondent ensemble sous la main
créatrice de Charlemagne, l'unité morale de la chrétienté prend chez
les guerriers germains une couleur chevaleresque. Les compagnons du
chef, les pairs, entrevoient le monde oriental comme le but mystérieux
des entreprises extraordinaires ; et au delà de Rome où Charlemagne
s'est fait couronner, Jérusalem semble déjà marquée comme la métro-
pole à reconquérir.

L'imagination populaire s'empare de ce rêve magnifique que la foi
encourage, et bientôt l'écho de ces pensées retentira dans les chansons

(1) *Poëme des Albigeois*, str. XXXIV, édit. Fauriel, p. 56.

de gestes, dans les poëmes du voyage de Charles Magne à Jérusalem, de Raoul de Cambrai, de Girard de Viane et surtout de Roland : c'est l'auteur de la *Chanson de Roland* qui fait intervenir Dieu même pour entraîner la France en Orient :

> « Charle est couché dans sa chambre voûtée ;
> « Saint Gabriel de par Dieu lui vint dire :
> « Charles, convoque encor ta grande armée,
> « Va conquérir la terre de Syrie.
> « Tu secourras le roi Vivien d'Antioche
> « Dans la cité que ces payens assiégent ;
> « Là les chrétiens te réclament et crient. »

On s'excite à la croisade. Les incursions de l'islamisme en Europe irritent encore les colères et les aspirations de la foule.

Dès le commencement du xi⁰ siècle, les plus grands seigneurs du temps subissent l'action de cet enthousiasme dont nous venons de signaler la trace dans les chants populaires ; on compte parmi les pèlerins qui se rendirent alors en Terre Sainte, Hélie I⁰ʳ, comte de Périgord ; Gui, comte de Limoges ; Thierry, comte de Hollande ; Conrad de Luxembourg ; Robert de Flandre ; Guillaume IV, comte de Toulouse ; Robert I⁰ʳ de Normandie, et une foule d'autres. Mais c'était là une simple avant-garde. La foi toute seule pouvait enflammer les cœurs ; elle ne suffisait pas à déterminer une entreprise bien concertée.

D'autres mobiles agirent sur l'esprit de l'Occident. Je viens de parler des Normands : ils représentent le génie d'entreprise.

Ce sont les derniers envahisseurs, et la mer est leur chemin. A peine établis dans le nord de la France, ils portent leurs courses sur la Méditerrané et s'emparent de la Sicile. Le succès de Robert Guiscard et de ses compagnons, qui paraît au premier abord un heureux coup de main, exerça une influence décisive sur l'esprit des cités et des nations qui touchaient à la Méditerranée. On pouvait donc, avec quelque hardiesse, se saisir de terres nouvelles, se tailler des royaumes au sud et à l'est de l'Europe, et s'y créer des monarchies indépendantes des rois suzerains. On pouvait prendre pied en Sicile comme les Normands, ou dans l'Espagne arabe comme les Castillans à cette époque, et refouler l'islamisme en marquant d'avance les étapes de la conquête. Enfin on pouvait, à l'exemple d'Henri de Bourgogne, choisir pour ce dessein des pays d'une richesse proverbiale; car les Normands s'enrichissaient en même temps qu'ils se faisaient rois.

Marseille et les républiques maritimes de l'Italie furent plus touchées de cette dernière perspective que du reste. Le commerce avec le Levant faisait leur vie. Des côtes de l'Asie Mineure arrivaient les vins précieux, les belles pelleteries et les produits manufacturés, tels que les cotons, les toiles peintes, les étoffes de Damas. Ces objets de luxe rapportés par les vaisseaux de Venise et répandus en Europe entretenaient une idée du luxe asiatique qui séduisait le monde féodal et poussait le commerce à de nouveaux développements. Dans le même temps où l'on parlait des pélerinages chrétiens et des conquêtes normandes, on montrait de loin les comptoirs des négociants vénitiens, comme Alexandrie, vaste entrepôt des marchandises de l'Inde, de l'Arabie, de la Perse, ou les comptoirs des Génois, des Pisans, des Amalfitains. Le luxe et l'activité commerciale qui régnaient à Amalfi ont inspiré à un poëte du xi° siècle une description en vers citée par Muratori (1). Un autre auteur contemporain n'en parle pas avec moins d'admiration.

« C'était chose merveilleuse, dit-il, que l'abondance de l'or, de l'argent et des marchandises précieuses qui s'y trouvaient. Toutes les places, toutes les maisons, dans les occasions solennelles, étaient tendues de draperies de soie, de brocard et de pourpre, avec des tapis de grande valeur, tandis que par les rues les précieux aromates de l'Orient brûlaient et embaumaient l'air! » Les marins et les négociants de ces villes de la Méditerranée étaient naturellement les précurseurs de la croisade dont ils devaient plus tard devenir les auxiliaires et les guides.

Mais, on le sait d'avance, ces guides ne sont pas de ceux sur lesquels on doit compter absolument. Intéressés par position et par calcul à aider à l'occupation de la terre sainte, ils sont inconstants par cela même qu'ils sont intéressés. L'ambition commerciale ne suffit pas plus à résoudre seule la grande question de la croisade que l'ardeur nomade et conquérante des Normands, que l'enthousiasme religieux de la foule ou

---

(1) **Muratori.** *Dissertatione*, **30**, p. 50, 51.

que les accents des poëtes. Toutes ces causes sont essentielles et capitales ; aucune d'elles n'est déterminante.

Il manque un plan d'ensemble dans lequel viennent se réunir ces causes diverses comme autant de forces ; il faut qu'un homme ou qu'une nation propose ce plan, combine la coopération de tous, trace l'expédition, assure la conquête et règle d'avance la prise de possession. C'est la France qui paraît avoir apporté cette idée virile et définitive d'organisation.

III

Au moment où l'Europe était le plus vivement préoccupée des progrès des Arabes et sous le coup d'une nouvelle invasion musulmane, à la fin du XIe siècle, son plan d'expédition fut proposé.

L'heure était bien choisie pour se faire écouter. La plus grande partie de l'Asie Mineure, la Syrie, l'Égypte, l'Afrique romaine, l'Espagne et la Sicile avaient déjà été subjuguées par l'islamisme qui sorti des sables brûlants de l'Arabie venait menacer Rome même.

Vainement paré du titre et d'un lambeau de la pourpre des Césars, Alexis Comnène, assis sur le trône chancelant de Byzance, appelait alors l'Occident chrétien à la défense de ce dernier débris de l'empire romain.

Le chef de la chrétienté et la France proposèrent le moyen le plus sûr de parer à cette invasion : c'était de la prévenir en portant la guerre au sein même de l'Orient, et d'y former des établissements considérables.

On avait pu étudier ce projet pendant toute la durée du siècle, grâce aux pèlerins qui affluaient à Jérusalem, qui appartenaient à toutes les classes et qui observaient le pays. Ce n'étaient plus des individus isolés. En l'année 1054, on vit partir pour Jérusalem l'évêque de Cambrai accompagné de plus de 3,000 pèlerins ; peu après 7,000 autres y suivirent l'archevêque de Mayence.

Parmi ces pèlerins, les plus lointaines contrées de l'Europe étaient représentées ; il y avait des gens originaires de l'Irlande, des îles Faroer, des Orcades, de la Suède et de la Norwége, et nous savons que ces divers pays entretenaient alors des relations suivies avec la Syrie (1).

La France fut donc comprise de toutes les nations chrétiennes quand elle leur adressa un appel par la voix du pape Urbain II, et qu'elle leur soumit un projet positif et réalisable.

IV

Le plan de campagne qui semble avoir été arrêté avant le départ de l'armée en 1096, fut très-habilement conçu. En voici l'exposé rapide :

S'appuyer sur l'empire grec pour ébranler la puissance musulmane en Asie Mineure ; pénétrer avec son aide aussi loin que possible à travers ce pays, se diriger vers le Taurus, puis s'ouvrir les armes à la main la route de la Palestine ;

Fonder, comme on l'a fait, la principauté d'Édesse et conquérir toute la Syrie avec une partie de l'Arabie Pétrée ; mettre ainsi le grand désert de Palmyre entre les États des califes de Bagdad et les colonies chrétiennes qui, séparant de la sorte l'Arabistan de l'Égypte, diviseraient le colosse de la puissance musulmane en deux parties, et resteraient défendues par des frontières naturelles contre les efforts de l'islamisme. Au sud, l'Arabie Pétrée et le désert de Sïn les séparaient de l'Égypte.

Ces obstacles semés par la nature concourraient puissamment à la défense du nouvel État en lui assurant cet avantage sur toutes les armées qui auraient tenté de l'envahir : qu'avant d'atteindre les frontières, elles auraient eu à supporter des fatigues et des privations sans nombre, et que parvenues là, elles se trouveraient en présence de troupes fraîches et pleines d'ardeur combattant *pro aris et focis.*

La marche suivie par l'armée chrétienne, les donations faites par l'empereur grec paraissent venir corroborer le peu que nous savons de ce plan.

---

(1) Paul Riant, *Croisades scandinaves.*

V

La formation des principautés ne fut que l'application politique de ce plan militaire.

Au delà du Taurus, entre cette chaîne de montagnes et la mer, les populations arméniennes qui appartiennent à la chrétienté viennent d'occuper, sous les premiers princes de la dynastie roupénienne, la Cilicie et le versant sud du Taurus. Ce nouvel État, fortifié par l'arrivée des Francs, devient le royaume d'Arménie. Il assurera ainsi aux chrétiens pour frontière naturelle, vers le nord, les montagnes du Taurus.

Édesse déclarée sous Baudoin principauté française, met au pouvoir des croisés la Mésopotamie jusqu'au Tigre. Elle fermera la route de ce côté aux armées que les princes mahométans de Mossoul et de Bagdad enverraient au secours des émirs musulmans de Syrie.

Cette province entièrement conquise, ainsi qu'une partie de l'Arabie Pétrée jusqu'à Etzion Gaber, devenait de la sorte entre les mains des Francs une colonie de premier ordre.

Les événements, la configuration du pays et la nécessité de donner à certains princes occidentaux venus en Syrie des fiefs proportionnés à leur rang, décident la formation des principautés d'Antioche et de Tripoli.

Le reste du pays subdivisé en fiefs secondaires, comme les comtés d'Ascalon, de Japhe, de Césarée, la principauté de Galilée, etc., forme le domaine royal.

VI

Ces grandes divisions du territoire sont à peine terminées, que les Francs procèdent à l'organisation intérieure des principautés. Elle est immédiate, ou du moins elle est préparée d'avance.

Les nouvelles conquêtes se partagent en fiefs, se couvrent de châteaux, d'églises, de monastères, et sont soumises dans toute leur étendue à un système social qui embrasse la population indigène comme les conquérants.

Les institutions de la guerre et celles de la paix sont fondées ; la défense du sol est répartie, le droit de possession déterminé, le soin de la culture et des irrigations (1) assuré, les corvées, les droits d'herbage et jusqu'au pêcheries maritimes et fluviales s'y trouvent réglementées (2).

L'organisation militaire est réglée par les 271° et 272° chapitres des *assises de la haute Cour :* le premier indique le nombre de chevaliers dus par chaque fief, et le second celui des sergents dus par les églises et les bourgeoisies pour la défense du royaume.

Nous savons en outre que les grands ordres militaires avaient à leur solde des chevaliers et des sergents (3) engagés dans les divers fiefs, moyennant une redevance annuelle, et qui en retour devaient le service militaire à la réquisition du grand maître de l'ordre.

Durant les dernières années du royaume Latin de Jérusalem, ces grands ordres militaires deviendront possesseurs de la plupart des fiefs et des châteaux, qui, par leur position, sont des points stratégiques de premier ordre, et ils les transformeront en vastes places d'armes, pour garder les passages, dominer les provinces, en assurer la soumission, et au besoin servir de base aux opérations d'une armée tenant la campagne.

Le détail était prévu. Chaque possession territoriale devait en temps de guerre un nombre déterminé de cavaliers, nommé *chevalée* (4).

En temps de paix, elle prenait l'aspect d'un pays régulièrement ad-

---

(1) Cartulaire du saint sépulcre, 153, 127, 155, etc., etc.

(2) *Cod. dipl.* CXL, p. 171, donation à l'hôpital de Margat, et Cartul. du saint sépulcre, 74.

(3) *Ibid.*, n° 77, p. 70.

(4) Sébastien Paoli, *Cod. dipl.*

ministré et régi par une loi civile uniforme. Elle était comprise dans le cadre des subdivisions rurales.

Les subdivisions rurales ou *casaux* avec leurs redevances sont indiquées très-nettement dans les chartes de donation ou d'échange remontant à cette époque et qui nous sont parvenues.

Chez les Latins, le nom de *casal* était donné à des villages ou à des fermes habitées par des Syriens chrétiens et musulmans, des Grecs, des Turcs ou même des Bédouins. La population se divisait en hommes liges devant le service militaire, et parmi lesquels il y en avait quelques-uns d'origine franque, et en vilains ou serfs ruraux. Le territoire du Casal se partageait en gastines et en charrues (1); sur leur nombre généralement on fixait les redevances dues par le casal à la seigneurie dont il dépendait.

Dès que la guerre réclamait les bras du cultivateur, on opérait dans le plus grand ordre l'appel de cette *landwehr* agricole.

Le continuateur de Guillaume de Tyr (2) dit que les quarante jours qui précédaient la cessation ou la rupture d'une trêve avec les Sarrazins étaient employés à retirer les gens des casaux pour les faire rentrer dans les villes ou dans les forteresses.

Telle était, dans ses traits principaux, l'organisation militaire et rurale des principautés chrétiennes.

Les rapports des chrétiens avec les indigènes s'établirent promptement et avec la même sagesse politique. Ce que l'on a dit au siècle dernier de l'intolérance, du fanatisme et de l'aveuglement des Francs en face de l'islamisme est démenti par les faits. Ils vécurent ensemble non-seulement dans les campagnes, mais dans les villes, dans les montagnes, dans les ports de mer et jusque dans les rangs de l'armée occidentale.

Il y avait alors à la solde des chrétiens de Palestine et combattant dans leurs rangs sous le nom de Turcoples, un grand nombre d'Arabes

---

(1) *Cod. dipl.* et *Fontes rerum Austriacum*, t. II, 1859, etc., etc., etc.
(2) Cout. de Guil. de Tyr, Liv. **XXX**, chap. **XV**, p. 309.

musulmans, et la charge de grand turcoplier ou chef des Turcoples devint un des grands offices de cour.

Dans les monts Ansariés habitaient alors les Assassins ou Bathéniens de Syrie et leur chef désigné dans les chroniques sous le nom de *vieux de la montagne*. Durant le xıı^e siècle et le commencement du xııı^e siècle, ils furent tributaires des Hospitaliers; leurs possessions se bornaient alors aux environs de Massiad et à quelques châteaux de la haute montagne. Ces sectaires, ou plutôt cet ordre originaire de la Perse, comptait en Syrie un grand nombre d'adeptes que gouvernait le Daïl-Kebir ou grand prieur de l'ordre résidant à Massiad, et qui souvent fut en bonne intelligence avec les princes chrétiens; il reçut à Massiad le comte Henri de Champagne en 1194 et le combla des plus riches présents.

Les historiens arabes eux-mêmes reconnaissaient assez souvent dans leurs écrits la bonne intelligence qui régnait dans les casaux entre les populations chrétiennes et musulmanes.

Enfin une dernière preuve nous reste de cette harmonie habilement ménagée entre les indigènes et les nouveaux venus : c'est la création d'une monnaie spéciale et pour ainsi dire internationale pour servir les intérêts unis de deux peuples alliés et la fusion de leurs affaires.

Les émirs ne tardèrent point à s'allier aux princes Francs, et par suite des transactions commerciales qui s'établirent entre les deux races, il fallut adopter des types monétaires qui pussent avoir cours dans tout l'Orient; on frappa dans les ateliers d'Acre, de Tyr, d'Antioche et de Tripoli des monnaies imitées des dinars arabes avec des légendes chrétiennes en caractères orientaux devenues nécessaires aux populations indigènes des villes et surtout à celles des casaux.

Je m'arrêterais volontiers à ce dernier témoignage que tout le monde peut vérifier par une simple étude numismatique. Il démontre le résultat obtenu. Veut-on davantage? Faut-il trouver quelque part, inscrite formellement, l'intention des chrétiens? On peut la lire en toutes lettres dans les listes de donation des *casaux*. Là en effet on trouve énumérés non-seulement ceux que possédaient les chrétiens, mais ceux qui étaient « entre les mains des infidèles (1). » Rien ne paraît plus naïf et plus étrange tout d'abord que cette indication. Si l'on y réfléchit, rien n'est plus significatif.

Les chrétiens, en effet, ont marqué à l'avance leur terre, leur droit de conquête, leur plan d'occupation dans ce dénombrement qui va au delà et en avant de la conquête (2). Ils dessinent un cadastre préventif ; ils prétendent à une possession future ; ils anticipent sur l'organisation des principautés, parce qu'ils ont un plan préparé d'avance (3).

Il faut donc signaler très-spécialement ces listes importantes, et y joindre les périples consacrés au littoral.

Grâce aux listes d'ailleurs, il est aujourd'hui facile de retrouver sous les noms arabes modernes ceux des villages des Francs et d'y retrouver sous la forme actuelle les désignations du moyen âge.

Par l'étude des périples de la côte de Syrie écrits durant cette période historique, j'ai relevé les noms qu'avaient pris alors presque toutes les pointes et tous les mouillages de ce littoral. Les uns étaient restés arabes, les autres avaient été latinisés, et même certains d'entre eux avaient reçu des noms purement français (4).

Mais j'aurai occasion d'ailleurs de m'étendre longuement sur ces divers sujets, dans l'étude que je prépare sur la géographie des croisades en lui donnant pour base le dépouillement des documents contemporains.

Ce que ne donnent pas les listes ni les périples, ce que le voyageur doit aller, non plus vérifier, mais découvrir, ce sont les châteaux. Les auteurs qui ont écrit de loin, les critiques qui décident rapidement sur l'histoire au nom de leurs préjugés, prononcent que la domination latine en Syrie fut nominale et éphémère. L'excuse de leur erreur est l'ignorance où nous sommes restés longtemps des traces laissées par les croisades, et parmi lesquelles il faut citer les châteaux au premier

---

(1) *Cod. dipl.*, t I, p. 201.
(2) *Ibid.*, n° LXXV, p. 75.
(3) *Ibid.*, LXII, p. 42.
(4) Laurent, *Peregrinatores medii ævi quatuor sanuto*, etc., etc., etc.

rang. Ils sont encore là, en grand nombre, les uns debout et intacts, les autres montrant leurs débris comme des témoignages.

Il faut s'arrêter à l'étude de ces monuments et voir quelle place ils occupaient dans le système. C'est la partie de ce travail sur laquelle je n'ai pas le droit d'être bref, puisque la description de ces positions militaires n'est pas ailleurs.

Les châteaux s'élevèrent au milieu du xiie siècle environ, quand les Francs se trouvèrent maîtres de tout le littoral de la Syrie.

Les possessions chrétiennes comprenaient cinq régions distinctes : sur le littoral, le royaume d'Arménie, les principautés d'Antioche, de Tripoli et le royaume latin ; à l'intérieur la principauté d'Édesse, qui bornait à l'est le royaume d'Arménie.

Malheureusement la conquête n'avait pas été complète en ce que les soudans d'Alep, d'Hama et de Damas avaient conservé leurs États. On peut donc marquer comme limite orographique à l'est des possessions chrétiennes une ligne formée : au nord, par les monts des Ansariés, qui séparent les principautés d'Antioche et de Tripoli de leurs voisins musulmans de Hama; vers le centre, par la chaîne du Liban qui s'élève entre les chrétiens et les soulthans de Damas; au sud, par le Jourdain et la mer Morte. Les colonies françaises se prolongeaient encore par la situation encore plus méridionale des forteresses de Karak et de Montréal; le territoire qui dépendait de ces châteaux portait le nom de terre d'oultre Jourdain.

<h1 style="text-align:center">VII</h1>

Le midi de la Syrie formait le royaume proprement dit, s'étendant du sud au nord avec Jérusalem pour capitale, et dont Nazareth, Banias, Naplouse, Rame, Lydda, Hébron ou Saint-Abraham étaient à l'intérieur les principaux fiefs ecclésiastiques ou militaires.

Le long de la mer existait une série de ports où débarquaient les croisés : c'étaient Ascalon, Japhe, Arsur, Césarée, Caïphas, Acre, Tyr, Saïette et Barut, habités particulièrement par des marchands italiens, généralement originaires de Venise, de Gênes ou de Pise, auxquels de nombreux priviléges avaient été concédés dans ces villes maritimes sous l'influence de la part prise par les républiques italiennes à la première croisade. Le désert formait la ligne sud du domaine royal allant de l'est à l'ouest, de la mer Morte à la Méditerranée et que défendait une ligne de forts ou postes fortifiés commençant à Zoueïra, près de l'extrémité sud du lac Asphaltite et comprenant Semoa, Karmel, Beto-Gabris, Gaza et le Darum que je crois avoir identifié avec Khan-Younès.

En arrière de cette première ligne se trouvaient les forteresses d'Iblin, de Blanche Garde, et du chastel Beroard.

Une vaste plaine régnant le long de la mer depuis le Darum jusqu'au mont Carmel et qui de nos jours encore est d'une étonnante fertilité, formait environ le tiers de la superficie du royaume; le reste se composait de la région montueuse qui commence au-dessous d'Hébron et se prolonge entre la plaine dont je viens de parler et la vallée du Jourdain, formant alors la limite orientale des établissements chrétiens; jusqu'aux premières croupes du Liban, entre l'extrémité sud de cette chaîne et le lac de Tibériade de nombreuses vallées pouvaient donner passage à une armée d'invasion venant de la Syrie orientale. Aussi une ligne de châteaux en occupe-t-elle les points principaux; ce sont : les forteresses de Beaufort, de Château-Neuf, de Montfort, de Safad et plus au sud du lac, celle de Beauvoir.

Longtemps les Francs possédèrent, comme place avancée, de ce côté, au delà du Jourdain, la ville et le château de Banias.

J'ai dit plus haut que les crêtes escarpées du Liban séparaient au nord-est le royaume latin des États du soudan de Damas.

Habitées par des populations chrétiennes, ces montagnes formèrent une frontière naturelle à peu près inexpugnable et qui par conséquent n'avait pas besoin d'être gardée; aussi ne trouvons-nous aucune trace de forteresses élevées de ce côté.

Au nord entre Barut et Giblet, l'antique Byblos des Phéniciens, la profonde crevasse formée par la vallée du Nahar Ibrahim, l'Adonis des anciens, descendant des sommets les plus élevés du Liban à la mer, forme une délimitation naturelle au delà de laquelle commence le comté de

Tripoli qui s'étend sur les pentes nord de ces montagnes, au pied desquelles se voient, au bord de la mer, les fiefs de Giblet, du Botron et de Nephin.

Au delà de Tripoli, le massif libanais est prolongé par une ligne de montagnes formant avec lui un gigantesque quart de cercle.

C'est le Djebel Akkar, contre-fort septentrional du Liban, qui vers l'est formait la frontière naturelle du comté de Tripoli, et auquel est pour ainsi dire greffée, le continuant au nord, la chaîne des monts Ansariés qui, elle aussi, servit de barrière entre les colonies frankes et leurs voisins musulmans ; la domination des comtes de Tripoli sur certains cantons de la rive gauche de l'Oronte n'ayant été qu'éphémère et s'étant bornée à la possession de Mons Ferrandus, qui fut plutôt un poste avancé qu'un établissement.

Ici le travail de l'homme a suivi la nature ; une série de forteresses fut établie pour défendre tous les passages de ces montagnes.

Sur le Djebel Akkar s'élève le château du même nom que gardaient les hospitaliers de Saint-Jean.

Plus à l'ouest, la forteresse d'Arcas, aujourd'hui ruinée, dominait également la vallée du Nahar-el-Kébir, l'Eleutherus des anciens, et était occupée par les chevaliers du Temple.

Dans les montagnes des Ansariés le Krak des Chevaliers aujourd'hui Kalaat-el-Hosn commandait le col par où communique la vallée de l'Oronte avec la vaste plaine qui s'étend entre ces montagnes et la mer ; c'était en même temps l'une des principales places d'armes de l'ordre de l'Hôpital.

Au nord, les châteaux d'Areymeh, de Safita, du Sarc, de la Colée, etc., etc., gardaient les principaux points stratégiques et étaient reliés entre eux par une série de postes secondaires.

La principauté d'Antioche comprenait l'extrémité nord de la montagne des Ansariés et le bassin inférieur de l'Oronte.

Bien qu'ayant subsisté presque jusqu'à la fin de la domination franque en Orient, cette principauté avait été fort amoindrie après la chute d'Edesse.

Elle était reliée à la principauté de Tripoli par le littoral, la partie

des montagnes des Ansariés formant aujourd'hui les cantons de Kad-
mous et d'Aleïka étaient alors en la possession des Ismaéliens ou Bathéniens de Syrie, qui, bien que tributaires des Francs, avaient conservé
leur autonomie. La domination chrétienne proprement dite se bornait
donc de ce côté au littoral et à quelques châteaux occupant des positions
stratégiques dans ces montagnes, et que les princes d'Antioche avaient
cédés de bonne heure aux grands ordres militaires.

Vers l'est, Alep demeurée au pouvoir des musulmans, et au nord, le
royaume chrétien d'Arménie limitèrent cette principauté pendant la plus
grande partie de sa durée.

Quant à la principauté d'Édesse, elle ne subsista guère que cinquante
ans, et son territoire n'a encore été que fort peu exploré. Si j'ai eu le
regret de laisser beaucoup à faire après moi dans la principauté d'Antioche, je crois pouvoir affirmer que tout est à faire dans celle d'Édesse.

La chaîne des montagnes qui s'étend de Tripoli à Antioche séparant le
bassin de l'Oronte de la Méditerranée est, à coup sûr, la partie du pays
où se sont conservés le plus de monuments témoins de ces luttes héroï-
ques ; là se voient les grandes forteresses des hospitaliers parvenues
presque intactes jusqu'à nos jours.

La plupart des châteaux des croisades qui sont encore debout en Syrie
appartiennent à deux écoles dont l'existence et le développement furent
simultanés en terre sainte.

La première choisit, suivant l'usage occidental, pour l'assiette de ses
forteresses, des croupes de montagnes se détachant en forme de presqu'îles, ce qui en favorisait grandement la défense. — Une double enceinte flanquée de tourelles rondes les entoure, et nous ne saurions mé-
connaître en elles des spécimens de l'art qui produisit alors en France
le château Gaillard des Andelys, puis les murailles de Carcassonne,
Coucy, etc., etc.

Cette première école a surtout été mise en œuvre par les Hospitaliers
de Saint-Jean.

La seconde école, sous l'influence de laquelle s'élevèrent les châteaux
des Templiers, paraît s'être inspirée de la fortification byzantine, issue
elle-même de la fortification romaine.

L'état de lutte permanente dans lequel se trouvaient les établissements de Syrie avait fait progresser rapidement l'art de l'ingénieur militaire.

Dès cette époque nous trouvons en usage dans ces châteaux des moyens de défense qui n'apparaîtront en Europe que près d'un siècle plus tard, notamment l'emploi des machicoulis et des échanguettes dont le plus ancien exemple connu en France se voit au château de Montbar, élevé en 1280.

On observe également dans ces forteresses un emprunt fait aux Arabes : il consiste en d'énormes talus en maçonnerie qui, triplant à la base l'épaisseur des murailles, trompaient le mineur sur l'axe des défenses qu'il attaquait, en même temps que cet obstacle entravait les travaux de la sape, et qu'ils affermissaient l'édifice contre les tremblements de terre si fréquents dans ces.contrées.

Cette première école est représentée par les châteaux des Hospitaliers de Saint-Jean à qui appartenaient Margat et le Krak des chevaliers dont je vais donner ici une description sommaire.

MARGAT.

La position de Margat était admirablement choisie pour en faire une grande place d'armes pouvant devenir à un moment donné une citadelle de refuge presque imprenable.

Ce château s'élève comme un gigantesque nid d'aigle au sommet d'une montagne en forme de triangle, dominant majestueusement la mer, dont les pentes escarpées nous portent à croire que la main de l'homme vint encore ajouter sa part à l'œuvre de la nature en taillant comme d'immenses glacis les pentes qui entourent cette forteresse.

On est frappé de la grandeur du site qui offre de chaque côté un aspect différent, mais toujours pittoresque, ayant pour cadre ce beau ciel d'Orient, d'un côté pour horizon les montagnes abruptes des Ansariés, et de l'autre les flots de la Méditerranée.

Vers l'ouest, une profonde vallée sépare Margat des montagnes de la Kadmousieh dont elle est un contre-fort, elle s'y rattache vers le sud-est par une langue de terre moins élevée qui en fait en quelque sorte une presqu'île; et c'est à cheval sur cette espèce d'isthme qu'on a établi les principaux ouvrages de défense.

Le château se compose d'une ceinture de murailles flanquées de tourelles rondes de petit diamètre et ne présentant qu'un étage de défense, suivant l'usage généralement adopté en Europe durant le xiiᵉ siècle.

On y pénètre par une porte ogivale, aujourd'hui privée de sa herse, s'ouvrant dans une haute tour carrée construite avec retrait à chaque étage.

La pointe sud-est étant le seul endroit vulnérable de la place, cette première enceinte y est renforcée d'un important ouvrage : c'est un gros saillant en forme de barbacane arrondi au sommet et présentant à la base un talus à pans coupés. Il est établi sur le roc vif, et destiné en cas de siége à arrêter longtemps de ce côté les efforts du mineur.

Au niveau du terre-plein de ce premier retranchement s'élèvent les murs d'une seconde ligne qui renfermait la bourgade du moyen âge, et à la pointe sud se trouve le massif de constructions constituant à proprement parler le réduit du château.

Dans les principautés chrétiennes d'outre-mer, l'art de l'ingénieur militaire avait rapidement progressé. Aussi Richard Cœur-de-lion à son retour de la Croisade rompt entièrement avec le système de fortifications en usage chez les Normands, pour mettre en œuvre des principes nouveaux et probablement d'importation orientale.

L'exemple le plus remarquable que nous en possédions est dans la place de Château-Gaillard qui a plus d'un point d'analogie avec cette forteresse où, après la conquête de l'île de Chypre, Richard Cœur-de-lion fit enfermer Isaac Comnène, le 5 juin 1191.

Si, quittant l'étude de la première enceinte, nous pénétrons dans la cour du réduit qui forme la partie supérieure du château, le premier monument qui frappe les regards est une petite église gothique transformée en mosquée; à gauche, se trouvent des bâtiments qui, au temps de l'occupation chrétienne, furent des écuries ou des magasins.

Vers l'ouest, se voient les ruines de la grande salle formée de quatre travées, dont deux sont encore debout; peut-être ces voûtes sont-elles les derniers témoins de cette suprême assemblée des chevaliers où fut décidée, le 8 mai 1285, la reddition du Margat, une plus longue résistance ayant été reconnue impossible. La pièce voisine, située au-dessus de la porte du château, et prenant jour vers la mer par une large baie gothique d'où l'œil embrasse un vaste horizon, a conservé le nom de *chambre du roi;* ce fut selon toute apparence l'appartement du commandant, et qui sait si le nom qu'on lui donne encore de Divan-el-Malek n'a pas eu pour origine la détention, dans ces murs, d'Isaac Comnène? Les chroniqueurs prétendent que, dans sa prison, ce prince portait des fers et des chaînes d'or et d'argent; l'infortune lui sembla encore plus lourde, et il y mourut en 1195, inconsolable de la perte de son royaume.

Au sud de la chapelle et y attenant, est un grand logis à deux étages parfaitement conservé; il communique avec la grande tour qui, vers le sud, termine cet ensemble et dont les proportions gigantesques ne sauraient être comparées qu'au donjon de Coucy. Elle mesure vingt-neuf mètres de diamètre et se compose de deux étages disposés pour la défense et percés de meurtrières se chevauchant de manière à envoyer des traits sur tous les points attaquables tournés vers les dehors de la place; la plate-forme qui couronne cet ouvrage était bordée d'un parapet percé de deux étages de meurtrières et présentant un espace assez vaste pour qu'un grand engin pût y être établi, sans inconvénient pour les défenseurs qui garnissent le parapet.

A l'angle nord-est se voit encore une autre tour beaucoup moins élevée que celle du sud; elle ne contient qu'une salle voûtée et ne paraît avoir été destinée à renfermer qu'un seul engin de guerre. Vers le nord, il ne reste que des ruines à la place des bâtiments qui fermaient ce côté du château, mais dont, au milieu des décombres, le plan est encore très-reconnaissable.

Ici toutes les dispositions telles que crénelages, meurtrières, système des herses, portes, etc., sont de tous points identiques à ce que nous trouvons dans les murailles et le château de la cité de Carcassonne, bien que la forteresse dont nous nous occupons en ce moment soit au moins d'un siècle antérieur, car on ne saurait attribuer à la construction de Margat une date postérieure à la fin du xiie siècle.

D'abord fief de l'une des principales familles de la principauté d'Antioche, cette place fut cédée en 1186 à l'ordre de l'Hôpital qui en fit son principal établissement après la prise de Jérusalem. Ce château fut pris par le soulthan Kelaoun en 1285.

LE KRAK DES CHEVALIERS.

Sur une croupe des montagnes qui séparait la vallée de l'Oronte du comté de Tripoli, s'élève le Kalaat-el-Hosn; tel est le nom moderne sous lequel on désigne la forteresse que nous trouvons indiquée dans les chroniques des croisades sous celui du Krak des chevaliers et appelé chez les historiens arabes château des Curdes.

Position militaire de premier ordre, en ce qu'elle commande le défilé par lequel passent les routes de Hosn et de Hama à Tripoli et à Tortose; cette place était encore merveilleusement située pour servir de base d'opérations à une armée agissant contre les États des Soudans de Hama.

Le relief des escarpes que couronne la forteresse est d'environ 330 mètres au-dessus des vallées, qui de trois côtés l'isolent des montagnes environnantes. Le château que nous étudions ici n'est point une grande habitation féodale fortifiée, destinée à dominer le pays environnant soumis au châtelain qui la possède et dont relèvent tous les fiefs d'alentour. C'est une place de guerre de premier ordre en la possession de l'un des deux grands ordres militaires, créée ou tout au moins reconstruite par lui pour en faire l'un de ses principaux établissements sur la frontière orientale des provinces chrétiennes et qui était assez redoutable à leurs voisins musulmans de Hama et de Massia pour que ces derniers fussent contraints à leur payer un tribut annuel.

Le Krak, car c'est sous ce nom que je désignerai désormais ce château, est encore presque tel que le laissèrent les hospitaliers au mois d'avril 1271; à peine quelques créneaux manquent-ils au couronnement des murailles, quelques voûtes se sont-elles effondrées, mais tout ce vaste ensemble a conservé un aspect imposant qui donne au voyageur une bien grande idée du génie militaire et de la puissance de l'ordre qui l'a élevé.

Cette forteresse comprend deux enceintes, dont une formant réduit. La première se compose de courtines reliant des tourelles arrondies à couronnement, composée d'une galerie crénelée avec échanguettes portées sur des consoles en contre-lobes formant sur toute la périphérie un véritable hourdage de pierre.

Vers l'extérieur règne, entre la première ligne de défense et le fossé du réduit, un chemin de ronde en terrasse, qui donnait accès dans les salles placées à la base des tours; percées chacune de trois grandes meurtrières, elles devaient contenir des arbalètes à treuils. Dans les courtines s'ouvrent de plain-pied, à des intervalles réguliers, de grandes niches ogivales ayant la même destination. Ces défenses peu élevées au-dessus du niveau du sol n'étaient plus en usage en France dès le commencement du XIIIe siècle, ayant l'inconvénient de signaler à l'assaillant les points faibles de la muraille; mais ici elles n'existent que sur les faces de la forteresse couronnant des escarpes, et par suite à l'abri du jeu des machines, tandis que vers le côté où la colline est jointe au massif dont elle dépend, les murs sont massifs dans toute leur longueur. Comme ce point est le seul vulnérable de la place, c'est de ce côté qu'on s'est efforcé de disposer des défenses d'une grande valeur, aussi le diamètre et par suite la saillie des tours devient plus considérable; au centre de cette face s'élève une tour carrée, chose fort rare, je l'ai dit, dans les forteresses des Hospitaliers. Bien que séparée de la seconde enceinte par un fossé rempli d'eau, cette première ligne est assez rapprochée des ouvrages qui la dominaient pour permettre qu'au moment de l'attaque, les défenseurs du réduit pussent prendre part au combat. C'est dans un saillant de cette première enceinte que s'ouvrait la porte de la forteresse, au-dessus de laquelle se lit entaillée dans la pierre l'inscription aujourd'hui mutilée qu'y fit graver le soulthan Malek-Daher-Bibars, après le siége qui l'en rendit maître. Voici ce qui se lit encore :

« Au nom du Dieu clément et miséricordieux la réparation de ce
« château fort béni a été ordonnée sous le règne de notre maître le

« soulthan el Malek ed Daher, le savant, le juste, le champion de la
« guerre sainte, le pieux, le défenseur des frontières, le victorieux, le
« pilier du monde et de la religion, le père de la Victoire Bibars......,
« et cela à la date du jour de...... »

Une rampe voûtée en pente assez douce pour être très-facilement accessible aux cavaliers part de cette porte et vient déboucher dans la cour intérieure de la deuxième enceinte près du porche de la chapelle. La porte est veuve de sa herse comme de ses vantaux, et le coup d'œil que présente l'intérieur de la forteresse, imposant d'ailleurs, est d'une majesté triste et déserte.

La chapelle sert' aujourd'hui de mosquée, tandis que la grande salle où se tenaient les chapitres de l'ordre a été transformée en étable, et contient les vaches de l'aga qui garde ce château au nom du gouvernement turc, et qui, ignorant même de l'histoire de sa race et de celle du lieu qu'il habite, s'étonne grandement de l'intérêt que nous prenons à ces glorieux débris, lorsque pour lui la seule jouissance de la vie consiste dans l'inaction et l'oisiveté, et non dans ces travaux pour lesquels nous autres Européens nous traversons la mer et donnons notre temps, quittant notre pays, à la poursuite d'une œuvre ou d'une idée.

Mais que de souvenirs à évoquer sous ces voûtes grandioses qui sont du style le plus pur des premières années du xiii° siècle! Les élégantes sculptures qui décoraient cette salle, bien que mutilées, n'ont pourtant point encore disparu. Sur l'un des contre-forts, près de la porte, se lisent les vers suivants en beaux caractères des temps :

SIꚍ ꚍIBI COPIA

SIꚍ SAPIĒCIA

FORMAꝖ : DEꚍ :

INꝊNAꚍ OĪA SOLA

SVꝐBIA SI COMI....

Sit tibi copia, sit sapientia, formaque detur ;
Inquinat omnia sola superbia, si comitetur.

Cette cour est partagée en deux : la cour inférieure où se voient la chapelle et la grande salle, puis la cour supérieure à laquelle on arrive par un large perron. A droite et à gauche étaient les logements de la garnison, et au fond s'élèvent trois grandes tours destinées à renforcer le front de la place le plus exposé aux attaques de l'ennemi. Chacune de ces tours se compose de trois étages de défenses, deux salles et une plate-forme crénelées; elles sont reliées entre elles par un énorme massif qui forme courtine.

Toute cette muraille est garnie à sa base de ces gigantesques talus en maçonnerie dont j'ai déjà parlé, et Ibn Ferat dans sa relation du siége de cette forteresse par le soulthan Bibars nomme ce réduit la colline, dépeignant ainsi son escarpement :

Au pied de la montagne sur laquelle s'élève ce château, s'étend à l'est la plaine nommée Bouquéia-el-Hosn, et pour les historiens des croisades la Boquée. Ce fut en 1163 le théâtre d'une bataille remportée par les croisés sur Nour-Eddin, et qui a pris dans l'histoire le nom de combat de la Bocquée.

Ce château avait été cédé aux Hospitaliers par Raimond de Tripoli, et demeura entre leurs mains jusqu'en 1271, année où il leur fut enlevé, après un siége de sept semaines environ, par le soulthan égyptien Malek ed Daher Bibars.

LES TEMPLIERS.

La seconde école a été plus particulièrement adoptée par l'ordre du Temple, et paraît s'être inspirée au contact de l'art byzantin, issu lui-même de la fortification romaine.

Les châteaux de Safita, d'Areymeh, d'Athlit et surtout la forteresse de Tortose, nous fournissent une série de types permettant de donner une étude aussi complète que possible de cet art, dont les meilleures productions se trouvent dans les principautés d'Antioche et de Tripoli, si riches, la première particulièrement, en monuments byzantins.

Les Méridionaux, qui étaient alors les intermédiaires naturels entre la France et les croisés établis dans cette partie de la Syrie, en rapportè-rent les éléments de l'art religieux qui produisit la plupart des églises élevées dans le midi de la France, durant le cours du xii° siècle. Peut-être parviendrai-je à établir que le système adopté par cette école ne fut pas sans influence sur les tracés des murailles de plusieurs villes du midi de la France et de l'Italie.

L'étude que nous allons faire de quelques édifices appartenant à cette catégorie doit nous amener à rechercher les principes d'après lesquels les ingénieurs élevèrent les diverses places défendues suivant ce système.

D'abord, le peu de saillie des tours, invariablement carrées ou bar-longues, donne à penser qu'ils se sont peu préoccupés de l'importance des flanquements; tandis qu'à en juger par la profondeur des fossés creusés à grands frais dans le roc et remplis d'eau comme à Tortose et à Athlit, ainsi que par la hauteur des murailles, ils ont tenu à se garantir des escalades ou des travaux des mineurs. Ailleurs, comme à Torun, à Safita et à Areymeh, ils ont assis les bases de leurs murailles au sommet de pentes escarpées, obviant par ce moyen nouveau aux mêmes incon-vénients.

Je vais décrire en quelques mots deux ou trois types de châteaux ap-partenant à cette école.

TORTOSE.

Le nom moderne de Tortose est dérivé du nom d'Antarsous, sous lequel nous trouvons cette ville citée dans les chroniques du moyen âge.

Cette forteresse fut, durant l'existence du royaume latin, l'une des commanderies les plus importantes de l'ordre du Temple, et ses débris présentent aujourd'hui l'un des ensembles les plus curieux de constructions militaires élevées en Syrie pendant les croisades.

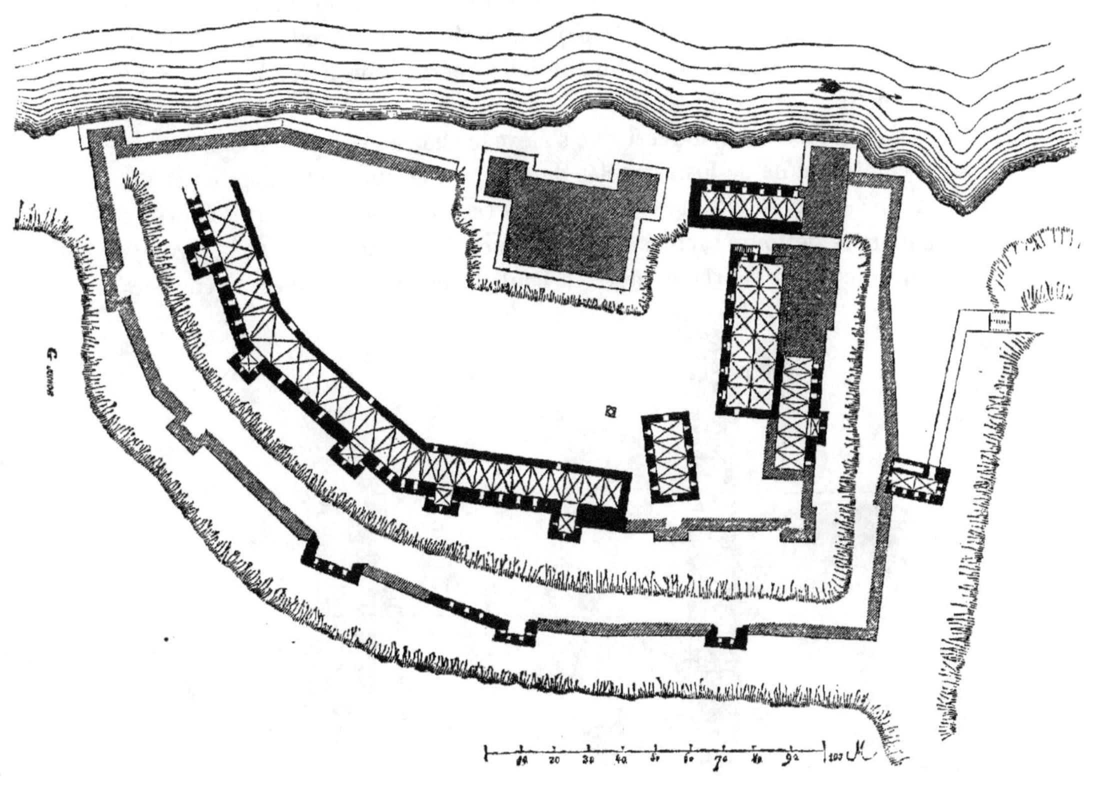

Une première enceinte encore reconnaissable sur presque tous les points renfermait la ville du moyen âge, remplacée aujourd'hui par des jardins où la nature a prodigué toutes les splendeurs de la flore orientale ; c'est là qu'entourée de palmiers, s'élève majestueusement la vieille cathédrale de Notre-Dame de Tortose, magnifique vaisseau du xii⁰ siècle qui durant l'occupation chrétienne fut un lieu de pèlerinage en grande vénération. Le sire de Joinville fut de ceux qui s'y rendirent pendant la croisade de saint Louis, et raconte qu'à cette époque il était grand bruit d'un miracle qui s'y était accompli :

« ...... Notre Dame y fit moult grant miracles, entre autres un « homme possédé du dyable. Là où ses amis qui l'avaient céans amené « priaient la mère-Dieu qu'elle li donnast santé ; l'ennemi qui était « dedans leur répondit : Notre Dame n'est pas ci, est en Égypte pour « aidéer au roy de France et aux chrétiens qui aujourd'hui arriveront « en la terre à pié contre la payenté à cheval. » Le jour fut noté et se trouva être précisément celui du débarquement de Saint-Louis devant Damiette.

C'est à l'angle nord-ouest que s'élève le château composé d'une double enceinte munie de fossés taillés dans le roc et que remplissait autrefois la mer. Cette double ligne de défenses est construite en pierres énormes flanquées de tours carrées ou barlongues. Par le fragment de la seconde enceinte qui a conservé toute sa hauteur primitive avec ses crénelages

et son chemin de ronde, nous savons que la hauteur totale de cette muraille était d'environ 30 mètres ; au-dessus du fond du fossé, tout autour et formant place d'armes, règnent d'immenses magasins voûtés s'ouvrant de plain-pied sur la cour intérieure du château, au milieu de laquelle s'élèvent tous les accessoires d'une grande forteresse du moyen âge : grand'salle, chapelle, donjon, etc., etc.

Le premier de ces édifices, bien qu'en partie ruiné, présente encore un grand intérêt, et ce fut à coup sûr l'une des plus belles et des plus vastes grand'salles élevées en Syrie.

C'était le lieu de réunion où se tenaient les chapitres de l'ordre ; on y recevait les envoyés étrangers, et c'était en même temps une salle d'apparat où l'on suspendait les trophées glorieusement conquis et les étendards qui guidaient les chevaliers sur les champs de bataille.

Celle-ci se composait de deux nefs séparées par une rangée de piliers et était éclairée par six grandes fenêtres s'ouvrant sur la cour dans l'axe de chaque travée.

Près de là se voit une chapelle assez bien conservée et dont la décoration est des plus simples et présente une grande analogie avec celle de la grand'salle.

L'intérieur de ce monument est malheureusement encombré de maisons arabes qui gênent beaucoup pour en juger l'effet. Un avant-porche paraît avoir précédé le portail de cette chapelle.

Au milieu de la place se trouve le grand puits du château. Le reste de l'espace compris entre les murailles, et où s'élevaient, suivant toute apparence, les logements de la garnison, le palais du commandeur, etc., etc., est occupé par la bourgade moderne de Tortose, composée d'une centaine de maisons environ.

Au centre de la place et tangent à la mer, s'élevait un grand donjon carré dont il ne reste que la base. Le donjon a frappé les contemporains qui l'ont vu et les auteurs qui l'ont décrit.

Pour Villebrand d'Oldenbourg, le château de Tortose est un joyau ; les tours en sont les perles, et le donjon, dont il attribue la construction aux rois de France, est la maîtresse pièce.

Pour Jacques de Vitry, il semble qu'il n'existe pas autre chose que le donjon et, au lieu de nommer le château de Tortose, il désigne uniquement la tour d'Antaradus (Turris Antaradis) qui, pour lui, est la force de la place.

Ce fut devant Tortose qu'en 1188 Salah Eddin rendit la liberté à Gui de Lusignan et à dix chevaliers choisis par le roi et parmi lesquels se trouvaient Aimery son frère, connétable du royaume, le grand maître du Temple, le maréchal du royaume et d'autres grands officiers.

Tortose resta au pouvoir des Templiers jusqu'à la fin des croisades ; ce fut le dernier point occupé par les Latins en Syrie ; ils n'évacuèrent cette place que le 5 juin 1291.

Les diverses places de guerre possédées au moyen âge par les chrétiens, dans cette partie de la Terre Sainte étaient reliées entre elles par de petits postes ou tours élevés d'après un plan uniforme ; un grand nombre subsistent aujourd'hui, savoir : Bord-ez-Zara, Bordj-Maksour, Om-el-Maasch, Aïn-el-Arab, Miar, Toklé, etc. C'est cette dernière que j'ai choisie comme type d'étude. — Ces tours qui représentent en petit toutes

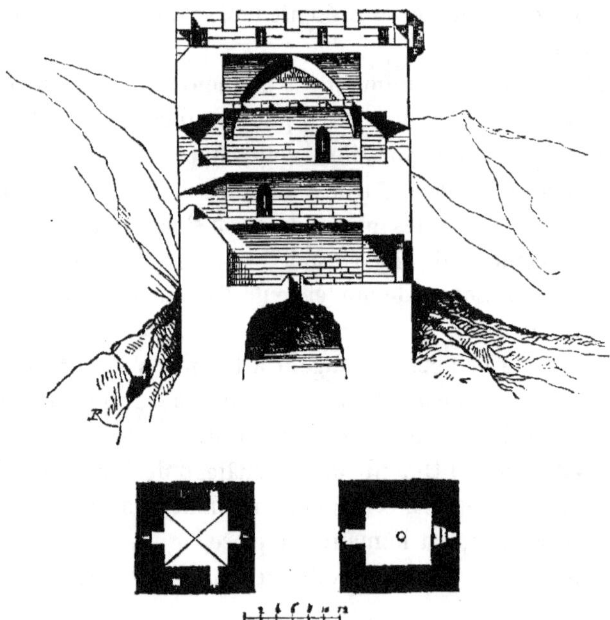

les dispositions d'un donjon sont invariablement carrées et se composent de deux étages voûtés, subdivisés eux-mêmes par des planches en bois, système dont j'avais déjà remarqué l'emploi dans les casernements du château de Cérines dans l'île de Chypre et au donjon de Djébaïl, que la coupe fera facilement comprendre. La porte de la tour est à linteau avec arc de décharge ; un puits se trouve au centre de la salle basse. La porte de l'escalier, donnant accès à l'étage supérieur, s'ouvre au niveau des premières planches ; une plate-forme avec machicoulis et parapet crénelé termine l'édifice. Ces tours, qui ne pouvaient avoir qu'une très-faible garnison, assuraient la communication des châteaux entre eux.

Le château de Safita, dont l'identification avec le Chastel Blanc, que nous trouvons cité dans les historiens des croisades, comme l'une des forteresses possédées par les chevaliers du Temple, ne saurait être douteuse, s'élève sur les pentes de la montagne des Ansariés et à égale distance environ de Tortose et de Kalaat-el-Hosn.

La tour, qui frappe d'abord les regards du voyageur, est l'ancien donjon du château qui couronne une crête dont les pentes s'abaissant brusquement au nord et au sud, couvrent suffisamment les abords de la place.

L'enceinte de cette forteresse affecte la forme d'un polygone irrégulier ; elle se compose d'une double ligne de murailles flanquées de tours barlongues, un énorme talus en maçonnerie règne à la base de la première ; entre ces deux enceintes se voient les restes de nombreux magasins voûtés. C'est au centre de la seconde enceinte et au point culminant du château que se dresse encore telle que la virent les chevaliers du Temple la tour du Chastel Blanc, tout à la fois chapelle et donjon de la forteresse. On reconnaît bien dans l'étrange conception de ce monument le génie de ces moines guerriers, si longtemps la terreur des musulmans, l'admiration et la gloire de l'Europe chrétienne qui, jusque dans l'édification du sanctuaire, ont su apporter tous les moyens de défense qu'a pu leur suggérer l'art de l'ingénieur militaire ; de telle sorte qu'ici, les premières lignes enlevées par l'assaillant, la lutte se trouvait transportée au pied de l'autel dans le temple même de ce Dieu pour la gloire duquel on combattait. Cette chapelle sert encore aujourd'hui d'église aux chrétiens grecs qui habitent le village moderne de Safita, et est demeurée sous le vocable de saint Michel.

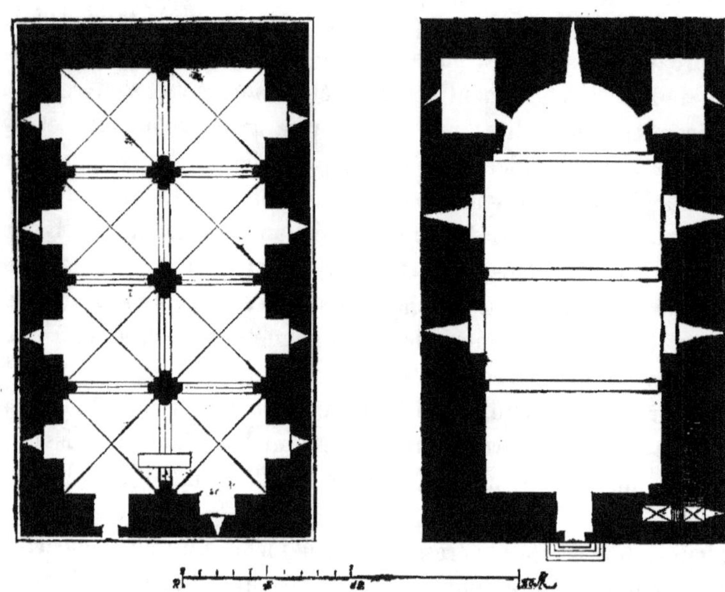

A l'étage supérieur est une vaste salle d'armes percée de hautes architraves, et où l'on retrouve sur une plus petite échelle toutes les dispositions intérieures de la grand'salle de Tortose.

Une plate-forme crénelée couronne ce donjon; le parapet qui règne à l'entour est percé de meurtrières et de créneaux alternant ; au sommet des merlons les encastrements des volets destinés à abriter les défenseurs, sont encore très-reconnaissables. Ici, comme à Tortose, à Areymeh, à Athlit, etc., etc., les meurtrières se ressentent de l'influence orientale, se rapprochent beaucoup de la meurtrière grecque du Bas-Empire, et diffèrent complétement de celles que nous avons déjà observées à Margat ou au Krak et qui sont identiques à celles qui furent en usage en France durant le XIIe et le XIIIe siècle.

De cette terrasse, la vue s'étend au loin sur le pays environnant ; de là,
on pouvait facilement échanger des signaux avec les châteaux du Krak
et d'Areymeh, ou avec les tours de Tokle, de Miar, de Zara, de Bordj
Maksour, etc., etc.

Areymeh, qui appartenait également aux Templiers, domine la vallée
de l'Abrasch et combiné avec les châteaux de Safita et de Kala at-el-
Hôsn, contribue, de ce côté, à la défense du comté de Tripoli ; il est
aujourd'hui fort dégradé, mais plusieurs tours et une grande partie de
l'enceinte subsistent encore et appartiennent au même système que les
deux forteresses que je viens de décrire.

Il faut encore citer parmi les principaux châteaux élevés d'après ce
système ceux de Toron et d'Athlit ou château Pèlerin.

6

LES TEUTONIQUES.

L'ordre teutonique ou de Notre-Dame des Allemands, d'abord congrégation hospitalière, ne fut érigé en ordre militaire qu'en 1198 ; ses possessions furent bien moins considérables que celles des deux autres, et je n'ai pu trouver et étudier qu'une seule forteresse élevée par les Teutoniques en Syrie. On reconnaît facilement que ces chevaliers sont d'implantation récente en Orient ; ils y ont apporté les traditions de leur pays et ils n'ont point séjourné assez longtemps en Terre Sainte pour subir l'influence orientale dont j'ai signalé l'existence dans les châteaux des Hospitaliers et surtout chez les Templiers.

Si les possessions de l'ordre furent peu considérables, par contre ses archives sont parvenues en partie jusqu'à nous et, grâce à elles, j'ai pu reconstituer pour ainsi dire de toutes pièces les moindres fiefs ou casaux lui ayant appartenu, et dont les noms se retrouvent encore parfaitement dans ceux des villages arabes qui les ont remplacés. Ce fut au temps de la croisade de Frédéric II que l'ordre teutonique joua le plus grand rôle en Orient.

Le château de Kreïn que l'on nommait Mont-fort, était la principale place de guerre de l'ordre.

Il fut commencé au mois de mars 1229, et s'élève sur une colline commandant la vallée de l'Ouady Korn dans un site grandiose.

Les deux versants de la vallée présentent un mélange d'escarpements abruptes et de pentes boisées de l'aspect le plus pittoresque ; au pied de la hauteur que couronne la forteresse, se voient les ruines d'une jolie église gothique encore bien conservées, et qui tranchent vivement sur le fond de végétation exubérante qui l'enveloppe de toutes parts.

Ce château est aujourd'hui complétement ruiné bien qu'il en subsiste encore assez pour qu'il soit facile de retrouver ses dispositions principales. Il diffère complétement des deux écoles dont je viens de parler, et n'a d'analogie qu'avec certains châteaux des bords du Rhin.

Au milieu des restes de la grande salle, se voit encore debout un énorme pilier dont la base et le chapiteau prodigieux semblent écraser un fût qui en développement ne présente guère plus de la moitié de la hauteur totale du pilier ; ce qui se voit encore de cette salle permet de reconnaître qu'elle était d'un style gothique allemand.

Du côté le plus vulnérable du château, règne une grande coupure taillée dans le roc et en arrière de laquelle existe encore la base d'un donjon carré. De toutes parts, au milieu de ces ruines, on aperçoit à travers les effondrements des voûtes, les magasins qui régnaient sous ce château.

Vers le sud, dans le flanc des murailles qui bordent les escarpements du Ouady Korn se remarquent encore des traces de la sape des mineurs musulmans : ce sont des entailles longitudinales faites dans le mur, mais n'y ayant point pénétré assez profondément pour amener sa chute. Ces traces du siége de 1271 qui amena la prise de ce château ne sont point sans intérêt, car nous lisons dans une relation de la prise de Mont-fort par l'historien arabe Ibn Ferat le passage suivant qui paraît y être relatif :

« ...... Ensuite on commença à faire des trous dans les murs ; le « soulthan promit mille direms aux sapeurs pour chaque pierre qu'on « lui apporterait..... »

Ce château assiégé par Malek ed Daher Bibars succomba à la fin de novembre de l'année 1271.

Les grands trésoriers de l'ordre étaient châtelains de Montfort.

Il y a encore un troisième groupe de forteresses que je nommerai féo-dales, c'est-à-dire desquelles dépendait un fief considérable appartenant à un grand vassal qui en portait le nom. Je ne décrirai ici entre plusieurs autres que les châteaux de Sahioun et de Giblet.

Bien que présentant moins de régularité, on y reconnaît au premier coup d'œil le système et l'influence des ingénieurs qui élevèrent les murs de Tortose, d'Areymeh, etc. Ces diverses places furent-elles élevées simultanément, ou devons-nous accorder la priorité à l'une d'elles est un point que je me réserve de traiter dans mon travail définitif.

SAHIOUN.

Le Kalaat Sahïoun fut au temps des croisades un des fiefs les plus importants de la principauté d'Antioche. La famille de Sahône qui le possédait a fourni un chapitre aux lignages d'outre-mer; elle est plusieurs fois mentionnée dans les actes du xiie siècle, et la veuve de Guillaume de Sahône épousa Joscelin II, comte d'Edesse.

En se réunissant, deux ravins profonds, aux parois abruptes, isolent de deux côtés la colline couronnée par ce château qu'un énorme fossé sépare, vers l'est, du plateau où se trouvent les ruines de la ville. Le fossé, taillé dans le roc vif, est un des ouvrages les plus remarquables en ce genre laissés en Syrie par les Croisés. La pile du pont qui faisait communiquer la ville avec le château était ménagée dans la masse et apparaît aujourd'hui aux regards du voyageur étonné comme un gigantesque obélisque.

Sur les parois du fossé, une rangée de mangeoires taillées dans le roc à un mètre au-dessus du sol, nous apprend que les chevaux y étaient logés en temps de paix.

Une partie de l'enceinte, plusieurs tours, un vaste donjon carré, des magasins et des citernes énormes, voilà ce qui subsiste encore de l'occupation chrétienne à Sahïoun.

Le donjon, la muraille et les tours sont construits avec des blocs de fort grand appareil taillés à bossages. Nous rencontrons ici des tourelles rondes et des tours carrées employées simultanément; les premières, d'un faible diamètre, massives depuis la base, et n'ayant qu'un étage de défense au niveau du chemin de ronde sont identiques à celles qui furent élevées en France du xie au xiie siècle; les secondes sont beaucoup plus considérables et mesurent de 15 à 20 mètres de côté; mais, chose digne de remarque, nous observons ici que les tours ont peu de saillie sur les courtines, c'est-à-dire qu'elles sont plus qu'à moitié engagées dans la place ; ne communiquant pas avec les courtines, elles pouvaient, en cas de surprise, devenir autant de forts isolés.

Les chemins de ronde qui couronnent les remparts ont environ la moitié de leur largeur prise en encorbellement, suivant l'usage byzantin ; les créneaux portent la trace d'encastrements de volets destinés à protéger les défenseurs, mais les merlons ne sont pas ici percés de meurtrières.

Quant au donjon, il ne diffère des autres tours que par ses proportions considérables ; composé, à chaque étage, d'une vaste salle, il est couronné par une plate-forme crénelée. Trois des entrées de ce château, jadis munies de herses, sont encore debout.

De vastes magasins et deux citernes immenses taillées dans le roc et voûtées en ogive sont tellement bien conservées, que lorsque je les visitai, ces dernières contenaient dans toute leur étendue plus d'un mètre d'eau.

Le château de Sahïoun fut enlevé aux chrétiens en 1187 par Saladin, peu après la prise de Jérusalem.

GIBLET.

Tour à tour ville phénicienne, grecque et romaine, Byblos tomba entre les mains des Francs au commencement du XII° siècle, et fut donné en fief par la famille de l'Embriac. Pendant toute la durée du royaume Latin en Syrie et à Chypre, on trouve la famille des seigneurs de Giblet mêlée aux événements principaux.

Le château qui fut alors élevé dans cette ville, selon toute apparence aussitôt après sa prise, se compose d'une seule enceinte avec saillants rectangulaires au centre de laquelle s'élève la tour citée par Villebrand d'Oldenbourg; c'est un donjon carré presque en tous points semblable à celui déjà vu au château de Sahïoun.

CHYPRE.

Après la chute d'Acre, les derniers croisés se retirèrent dansle royaume Latin fondé à Chypre un siècle avant, et y continuèrent la lutte contre les infidèles.

La position insulaire de Chypre la mettant à l'abri des grandes invasions, les règles de la défense se trouvent complétement changées ; sur un aussi petit espace, les grandes places de guerre étaient inutiles ; aussi les édifices militaires se bornent-ils à une ligne de postes de surveillance entourant toute l'île, et à quelques châteaux de refuge.

Les postes d'observation sont de petites tours carrées qui ne sont pas sans analogie avec celles qui reliaient entre eux les châteaux de Syrie et dont plus haut j'ai donné Toklé pour type.

Ces postes occupent l'extrémité de tous les caps et permettaient de surveiller les approches de l'île.

Quant aux châteaux, ils diffèrent radicalement de ceux que nous avons vus en Syrie et bien que construits à l'époque qui vit s'élever en France les derniers grands châteaux, c'est-à-dire de 1330 à 1400, on ne saurait établir aucune comparaison entre eux.

Ces châteaux ont été l'objet d'une description sommaire de la part de M. de Mas Latrie ; elle se trouve dans le rapport adressé par ce savant au ministre de l'Instruction publique, le 11 mai 1844.

Ces forteresses, élevées sur des points inaccessibles, tirent toute leur force de la situation de leur assiette, ne sont que médiocrement fortifiées et ne présentent d'analogie qu'avec quelques-uns des châteaux qui vers le même temps s'élevaient en Alsace.

Pour peu que la garnison fût nombreuse et aguerrie, elle pouvait en barrant les sentiers et en empêchant l'escalade des pentes abruptes de la montagne, défendre longtemps les abords du château, avant d'être obligée de se retirer derrière les murs.

La nature a été le seul guide pour le plan de ces châteaux, et l'on ne peut qu'admirer l'art avec lequel l'ingénieur, pour compléter les défenses naturelles, a fait serpenter les remparts sur les rochers les plus abruptes, couronnant d'une redoute chaque sommet et étageant au milieu des escarpements de la montagne les salles, les galeries, les tourelles, les citernes, les escaliers, les chapelles, etc.

Pour les châteaux de l'île de Chypre, on paraît avoir suivi la règle qui existait dans l'antiquité de choisir, pour l'assiette et l'établissement des forteresses, les sites les plus escarpés qui présentent d'eux-mêmes des points d'une défense facile, et où l'art n'a qu'à profiter de l'œuvre de la nature en la perfectionnant.

Les ingénieurs du moyen âge semblent donc avoir été amenés à suivre ce système, par le choix d'escarpements où dans l'antiquité avaient déjà existé des postes fortifiés, établis d'après les mêmes principes auxquels nous devons l'acropole d'Eleuthère en Grèce et la forteresse judaïque de Massada, au bord de la mer Morte.

Je donnerai donc, comme spécimen, dans le travail que je prépare sur les forteresses des croisades, une étude détaillée des deux principaux châteaux : l'un sera celui de Buffavent ou Mont-Lion, l'autre celui de Saint-Hilarion.

CONCLUSION.

Les considérations que je viens de présenter et que j'ai tour à tour puisées dans les faits de l'histoire ou appuyées sur les détails descriptifs de mes notes de voyage, établissent ce fait important que la domination française en Syrie fut conçue, organisée et maintenue selon un plan politique qui fait honneur à nos ancêtres.

L'objection qui se présente, et qui paraît naturelle, est le peu de durée de ce système. A mes yeux au contraire plus sa durée fut courte, plus nous devons admirer le rapide développement qu'il avait pris et dont il subsiste tant de traces.

Ce qu'il faut remarquer ou découvrir ce n'est point l'échec final de cette domination, c'est la cause qui explique cet échec. Or elle n'est pas dans l'esprit même de la première croisade ; elle est dans l'oubli de la pensée organisatrice qui fut saine et justifiée par l'histoire.

Au début, je l'ai dit, le concert des forces et l'union des intérêts font marcher ensemble le croyant et le négociant, le chevalier et le cultivateur, les républiques italiennes, les Croisés soumis au pape et les monarchies européennes. C'est l'idée française.

Plus tard, dès la seconde croisade, quand tout est organisé, quand le royaume de Jérusalem et les trois autres grandes principautés sont déjà constituées, on tente d'achever la conquête de la Syrie orientale; mais dans un autre esprit, qui n'est plus celui de l'unité. L'entreprise de Louis VII contre Damas, seul fait saillant de l'expédition, échoue au milieu des intrigues, des rivalités et des ambitions personnelles, tant il est vrai que le concert primitif était la condition exclusive du succès.

La division des intérêts préside désormais à tout le gouvernement du pays. L'élément militaire est dans les châteaux, l'élément religieux s'isole au bénéfice du clergé, l'activité commerciale se sépare et se retranche dans les ports. Alors le mauvais côté du régime féodal (qui sous d'autres rapports avait sa raison d'être) se fait voir et se développe.

Le principal obstacle qui entrave l'affermissement de la puissance chrétienne en Syrie est le morcellement du pays entre les grands vassaux, souverains à peu près indépendants qui ne sont liés au royaume de Jérusalem que par une obligation de service militaire et la communauté des lois ou assises du royaume. Ces princes ont des cours avec de grands officiers comme de véritables souverains : il y a des connétables, des sénéchaux, des maréchaux, des chambellans d'Antioche, de Tripoli, d'Ascalon ou de Césarée.

Seuls, les ordres militaires ont conservé l'unité dans leur sein. Devenus, en quelque sorte, indépendants dans l'État, on vit parfois leurs rivalités devenir préjudiciables aux principautés chrétiennes. On doit pourtant reconnaître que ce fut grâce au courage et à l'énergie des chevaliers de l'Hôpital et du Temple que l'occupation de la Syrie par les Francs put se prolonger durant plus d'un siècle encore après la désastreuse bataille de Hattin.

D'une autre part, le clergé de Syrie, par les nombreuses donations territoriales qui lui sont attribuées (bien que plusieurs n'aient jamais été que nominales), devient le plus riche du monde. Un tel état de choses, sans inconvénient en Europe, est très-préjudiciable à un royaume de formation récente, en lutte constante contre les ennemis étrangers. Les fiefs ecclésiastiques, lisons-nous dans les assises, « ne fournissent que 3,250 sergents et un petit nombre de chevaliers à la défense du royaume.» C'est un contingent proportionnellement inférieur à l'importance de ces fiefs.

Ainsi, il n'y a nul doute que les inconvénients du système féodal, en se produisant au grand détriment du nouvel État, n'aient été l'origine des revers qui devaient entraîner la chute de ces colonies.

Voilà comment, à la suite d'une seule bataille perdue, s'affaiblit tout à coup la domination latine, comment les expéditions des Croisés trouvèrent un obstacle là où elles devaient trouver un aide, et comment enfin les croisades furent tour à tour un mouvement immense, magnifique et intelligent de l'esprit occidental, puis un échec irréparable.

Deux seulement furent conduites d'après un plan de conquête et de colonisation : celle de Godefroid de Bouillon et celle de saint Louis ; toutes deux sont essentiellement françaises. En voyant sur le sol de la Syrie la trace de cette domination glorieuse, j'admirais l'ouvrier, et, malgré l'impression douloureuse que laisse dans l'esprit le spectacle d'une entreprise inachevée, je reconnaissais avec fierté que celles des croisades qui furent grandes et eurent un résultat font partie intégrante de notre histoire nationale.

Paris. — Imprimé par E. Thunot et Cᵉ, rue Racine, 26.